OTELLO,

OPERA EN TROIS ACTES.

OTELLO

OU

LE MORE DE VENISE,

OPERA EN TROIS ACTES,

D'après les Drames anglais, français et italien,

Paroles de CASTIL-BLAZE,

Musique de ROSSINI,

REPRÉSENTÉ POUR LA PREMIÈRE FOIS A LYON, PAR LES COMÉDIENS DU GRAND THÉATRE, SOUS LA DIRECTION DE M. A. SINGIER, LE 1ᵉʳ. DÉCEMBRE 1823.

PARIS,

CHEZ CASTIL-BLAZE,

RUE DU FAUBOURG MONTMARTRE; Nᵒ. 9,

PRÈS DU BOULEVART.

1823.

PERSONNAGES.   Voix.

OTELLO, More, général des troupes
vénitiennes .... Ier. Ténor.

ODALBERT, sénateur............. Ire. Basse.

MONCENIGO, doge de Venise.... IIme. Ténor.

RODRIGUE, son fils............. Ier. Ténor.

YAGO, officier vénitien........... IIme. Basse.

UN GONDOLIER .... Ier. Ténor.

EDELMONE, fille d'Odalbert....... Ier. Dessus.

ERMANCE, confidente d'Edelmone. IIme. Dessus.

Sénateurs.

Soldats.

Pages.

Amis d'Otello.

Dames vénitiennes.

L'action se passe à Venise en 157c.

OBSERVATIONS.

Par ces mots, *à droite*, *à gauche*, on entend la droite et la gauche du spectateur. On a observé dans l'impression l'ordre des places des personnages, en commençant par la droite.

Les mots, *Otello*, *Yago*, doivent être prononcés à l'Italienne, c'est-à-dire, en s'arrêtant et en appuyant sur l'avant-dernière syllabe, pour laisser expirer le son avec douceur sur l'*O*.

L'*O* muet des Italiens répond à notre *E* muet, nous devons par conséquent prononcer *Otello*, *Yago*, comme *tutelle*, *dentelle*, *dague*, *bague*. En adoptant la prononciation mise en usage par nos tragédiens, j'aurais défiguré la musique en plusieurs endroits, j'aurais même détruit le bel effet du cri de surprise que le chœur fait entendre dans le premier finale au moment de l'arrivée du More. *Otel....*, *lo* ne peut pas être remplacé en musique, par *Othello*. Shakspeare avait écrit le nom de son héros avec le *th* anglais, parce qu'il voulait que l'on prononçât *Odsscello*, je ne vois pas pourquoi les traducteurs français écrivant un nom propre italien ne sont pas revenus à l'orthographe italienne qui n'emploie point le *th*.

IMPRIMERIE DE HOCQUET.

OTELLO,

OPÉRA EN TROIS ACTES.

ACTE PREMIER.

Le théâtre représente une galerie de la place Saint-Marc dont les arcades ouvertes sur le second plan laissent voir un bras de mer et les bâtimens qui se trouvent sur l'autre bord. A gauche sous la galerie, et près de l'avant-scène est le trône du Doge. A droite on voit le palais d'Odalbert. Au lever du rideau Le Doge entouré des sénateurs; le peuple rangé à droite et dans le fond, attendent le débarquement d'Otello. Odalbert assis sur un tabouret est à la gauche du Doge, tout le monde est découvert en présence du chef de la République.

SCENE PREMIÈRE.

ODALBERT, LE DOGE, SÉNATEURS, PEUPLE.

CHŒUR.

Vive Otello, notre héros,
Le vengeur de la patrie!
La furie
D'une ligue ennemie
Est punie
Sur la terre et sur les flots.
L'Albanais porte sa rage
Loin de ces climats heureux.
Otello, nous devons à ton noble courage
Un triomphe si glorieux.

(4)

SCENE II.

RODRIGUE, YAGO, OTELLO, ODALBERT, LE DOGE, SENATEURS.

Les troupes vénitiennes arrivent par la droite au son d'une marche militaire, les enseignes, les armes, les dépouilles des Turcs sont portées en triomphe par des soldats, quand la troupe a défilé et pris place dans le fond, Otello entre suivi de Rodrigue et de Yago ; ces deux derniers restent sur le second plan pendant toute la scène.

OTELLO.

Sénateurs, Venise est triomphante, ses ennemis ont reçu le prix de leur coupable audace. Chypre conquise et fortifiée devient une barrière insurmontable, et le plus sûr garant de l'empire que la reine de l'Adriatique exerce sur les mers. Poursuivi sur l'un et l'autre élément, forcé, par la valeur, d'abandonner des conquêtes, fruit honteux de la perfidie, le superbe Ottoman s'est prosterné devant nos cohortes victorieuses ; l'Albanais a fui loin des contrées qu'il osait menacer. Ma mission est remplie, mes travaux sont terminés, je rends l'épée redoutable que je tenais de vous ; j'apporte à vos pieds les armes, les enseignes que le sort de la guerre a fait tomber en mon pouvoir, et je viens vous supplier de ne point refuser aux vaincus la paix que je leur ai promise et qu'ils ne peuvent obtenir que de vous.

LE DOGE.

Ah! de quel prix payer de tels services !

OTELLO.

Seigneur, je suis assez récompensé. Tant de confiance, un choix aussi flatteur, l'honneur insigne de commander une armée de héros, sont pour moi des titres assez glorieux. Né sous le ciel brûlant de l'Afrique, je suis étranger dans ces lieux ; mais si mon cœur vous a paru digne de vous, si j'aime ce pays plus que ma patrie, si j'ai été assez heureux pour augmenter sa domination et la faire respecter, que Venise me regarde comme son fils, et ce jour comblera mes plus chères espérances.

YAGO, *bas à Rodrigue.*

Quelle orgueilleuse prétention!

RODRIGUE, *bas à Yago.*

Elle sera funeste aux vœux de mon cœur.

LE DOGE.

Magnanime vainqueur, les héros naissent dans tous les climats, et nous savons accorder un digne prix à leurs nobles travaux. Reprends ton épée, et, fils adoptif de Venise, viens recevoir au milieu des transports d'allégresse du sénat et du peuple la couronne de laurier que tu as si bien méritée.

OTELLO.

AIR et CHOEUR.

Ah ! cette récompense
Comble mon espérance,
Et je promets d'avance
D'en être digne un jour.

(*à part*)

Non, non, je n'ose croire
Que dans ce jour de gloire
Couronné par la victoire
Je puis l'être encor par l'amour.

YAGO, *bas à Rodrigue.*

Rodrigue, il faut en ce jour
Venger ma gloire et ton amour.

CHOEUR.

Tout le peuple s'empresse
Sur les pas du vainqueur,
Allons partager son ivresse,
Allons lui montrer son vengeur.

OTELLO, *à part.*

Non, non, je n'ose croire
Que dans ce jour de gloire,
Couronné par la victoire
Je puis l'être encor par l'amour.

(*haut*)

Ah ! cette récompense
Comble mon espérance,
Et je promets d'avance
D'en être digne un jour.

CHOEUR.

Que cette récompense
Nous acquitte en ce jour.

Le Doge et Otello sortent suivis des sénateurs et du peuple.
Odalbert prêt à sortir revient sur ses pas.

SCENE III.

YAGO, RODRIGUE, ODALBERT.

RODRIGUE.

Odalbert, ô mon père! laissez-moi vous appeler ainsi, vous qui avez donné la vie à l'objet de mon amour. Parlez-moi de votre fille, Edelmone m'aurait-elle oublié?

ODALBERT.

Hélas! que puis-je vous dire? elle soupire, elle pleure, et me cache la cause de sa douleur secrète.

RODRIGUE.

Mais du moins....

ODALBERT.

Je dois assister à la fête, il faut nous séparer, nous nous reverrons bientôt.

SCENE IV.

YAGO, RODRIGUE.

RODRIGUE.

Qu'entends-je? ô ciel! quel affreux soupçon vient tourmenter mon ame. Séduit par la gloire apparente du farouche Africain, Odalbert, oubliant son rang et sa naissance, voudrait il accorder la main de sa fille à mon odieux rival?

YAGO.

La fortune extraordinaire du More éblouit tous les yeux. L'ambition pourrait égarer tout autre que le père d'Edelmone; je connais Odalbert, l'aversion qu'il a pour Otello doit te rassurer.

RODRIGUE.

Belle Edelmone, je vais donc te revoir, et te porter l'hommage d'un cœur qui n'a soupiré que pour toi!

YAGO.

Le souvenir du More n'a laissé dans son ame qu'une trace bien légère, l'absence a facilement détruit une impression fugitive dont elle rougissait. Je veillais sur l'objet de ton amour, je cherchais à pénétrer ses secrets sentimens, quand le hasard a mis dans mes mains des preuves de la tendresse que tu lui as inspirée.

RODRIGUE.

Cher ami, pourquoi retarder encore ma félicité?

YAGO.

Songe que nous sommes à Venise; l'art de feindre est-il inconnu d'un sexe volage et perfide? ai-je dû te flatter de l'espoir le plus doux, pour accroître ensuite tes peines, si l'événement t'avait trompé à l'instant de ton retour? Fallait-il confier à une main étrangère le gage de ton bonheur, et l'exposer peut-être à tomber au pouvoir d'Otello? Emporté par un fol enthousiasme, l'amour agit en aveugle; l'amitié calme et prudente profite de tous ses avantages; elle sait prévoir les attaques d'un ennemi trop puissant, et faire, s'il le faut, une arme redoutable d'un billet écrit sans réflexion, et que l'on voudrait désavouer ensuite.

RODRIGUE.

Je suis aimé! Edelmone désire mon retour! Odalbert, je fléchirai ta rigueur, tu ne sépareras pas deux cœurs unis par l'amour le plus tendre.

YAGO.

Redoute encore les caprices de l'ambition.

RODRIGUE.

Non, je n'ai plus d'alarmes; sûr du cœur d'Edelmone, tous les obstacles disparaissent à mes yeux. Sans cette heureuse certitude, qui pourrait espérer de l'emporter sur l'homme que la fortune se plaît à favoriser? qui pourrait triompher d'un rival victorieux?

YAGO.

La vengeance. Dois-je te rappeler la préférence injuste que le More obtint, quand notre armée partit pour l'île de Chypre? Le même jour fut témoin de son élévation et de ma disgrâce. Rhodes et l'Albanie gardent le souvenir de mes exploits. Yago, le fier Yago, jaloux de partager vos périls et votre gloire, eut-il préféré le paisible séjour de Venise au tumulte des camps, aux hasards des combats? Eut-il gardé un indigne repos, tandis que nos soldats allaient cueillir de nouvelles palmes. Il fallait y renoncer, ou me soumettre à la domination de celui que je déteste. La faveur dont il jouit m'empêche de l'attaquer avec des armes égales, et je dois lui laisser ignorer mon ressentiment. Je troublerai les doucœurs d'un triomphe qui rouvre toutes les plaies de mon cœur , et , dans ce jour heureux, je pourrai faire valoir les droits de l'amour et venger mon honneur offensé.

RODRIGUE.

Viens, allons trouver Odalbert, seconde mes desseins, et que les efforts de l'intrigue ne puissent pas rompre l'intelligence de deux soldats amis. (*Ils se retirent par le fond à droite, Edelmone sort du palais de son père.*)

SCÈNE V.

EDELMONE.

RÉCITATIF.

Ces murs ont retenti des chants de la victoire,
Otello, mon époux revient couvert de gloire.
J'interroge mon cœur sur ses pressentimens,
Et mon cœur me répond par des frémissemens.
Ils semblent m'annoncer une sourde tempête
Qui naît, s'augmente, approche, éclate sur ma tête,
Grand Dieu, protége-moi dans ces cruels momens!

AIR.

Ah! quelle affreuse image!
Hélas! je perds courage,
Ce funeste nuage
Vient me glacer d'horreur !
Plus de doute, plus de souffrance,
Célébrons l'heureux vainqueur.
Ah! reviens, douce espérance,
Rassurer ce tendre cœur.

Ermance entre par le fond à droite.

SCENE VI.

EDELMONE, ERMANCE.

ERMANCE.

Votre bien-aimé revient victorieux , et quand Venise fête un jour si beau, le cœur d'Edelmone est-il encore en proie à ses chagrins?

EDELMONE.

Hélas! je crains toujours qu'il ne soupçonne ma foi. Tu te souviens de ce nœud de mes cheveux ?...

ERMANCE.

Eh bien ?

EDELMONE.

Ce don chéri, destiné pour Otello, ne lui parvint pas. La lettre que je lui écrivais en tremblant tomba dans les mains de mon père. Il crut qu'elle était adressée à Rodrigue; je me vis forcée de profiter de cette erreur, mais mon cœur désavouait une ruse innocente et dangereuse. Depuis ce jour, mon amant, je devrais dire mon époux, n'a-t-il pas reçu mes sermens; depuis ce jour funeste, Otello a cessé de m'écrire... Un doute cruel me trouble et m'accable! aurait-il vu dans les mains d'un autre un gage si doux ? il me croit peut-être infidèle.

ERMANCE.

Que dites-vous? ô ciel! Quand on aime, on s'alarme de tout, et souvent on imagine des malheurs qui ne peuvent point arriver.

EDELMONE.

DUO.

Je veux de mon amie
Savoir la vérité.

ERMANCE.

Comptez, je vous en prie,
Sur ma sincérité.

EDELMONE.

Mais l'amitié souvent
Croit ce qu'elle désire.

ERMANCE.

Doit-on suivre l'empire
D'un vain pressentiment ?

EDELMONE.

Ah! quelle peine cruelle
Vient m'inspirer l'amour;
Sa peine est éternelle,
Son bonheur n'a qu'un jour.

ERMANCE.

Ah! quelle peine cruelle
Peut inspirer l'amour;
Sa peine est éternelle,
Son bonheur n'a qu'un jour.

EDELMONE.

RÉCITATIF.

Mais, vers ces lieux Yago s'avance ;
Le perfide me fait horreur.
Eloignons-nous.... viens, suis-moi, chère Ermance,
Dérobons à ses yeux le trouble de mon cœur.

(*Elles rentrent dans le palais d'Odalbert.*)

SCENE VII.

YAGO.

Fuis... méprise-moi... peu m'importe, je ne prétends
plus à ta main. J'avais pensé qu'une alliance avec Odalbert
favoriserait mes projets ambitieux ; tu as préféré mon rival,
malheur à toi ; dans mon cœur ulcéré, l'amour a fait place à
l'aversion.

SCENE VIII.

RODRIGUE, ODALBERT, YAGO.

ODALBERT.

Oui, mon cher Rodrigue, l'heureux instant est arrivé,
tu vas devenir l'époux de ma fille. L'amitié, mon devoir,
la vertu, la haine implacable que je nourris contre le farouche Africain, me conseillent de hâter cet hyménée. Liés par
le sang et l'amour, il nous sera possible de nous opposer au
pouvoir de ce soldat parvenu ; mais il faut que tu dévoiles à
ton père qui, aimé et respecté de tout le monde, occupe le
trône de Venise, il faut que tu lui dévoiles les complots de
notre dangereux ennemi.

RODRIGUE.

Vous pouvez compter sur moi.

ODALBERT.

Déjà nos parens, nos amis, rassemblés avec mystère,
nous attendent dans mon palais. Tu connais mes inten-
tions, Yago, prépare tout pour la cérémonie.

(*Yago entre chez Odalbert.*)

SCENE IX.

RODRIGUE, ODALBERT.

DUO.

RODRIGUE.

Ah! quel moment d'ivresse!
Pour moi quelle promesse!
L'objet de ma tendresse.
Va me donner sa foi.

ODALBERT.

Pour ma fille quel doux présage!
Cet hyménée où je l'engage,
Du bonheur sera le gage,
Et pour vous et pour moi.

ENSEMBLE.

Pour nous plus de peines,
    Heureux retour!
D'hymen formons les chaînes,
Sois mon fils / père en ce jour.
    Rival que j'abhorre,
    Soldat insolent,
Parais, perfide More,
Peux-tu braver encore
Mon courroux menaçant.

    (Ils entrent dans le palais.)

SCENE X.

Le théâtre représente une salle magnifique du palais d'Odalbert, ornée pour la fête nuptiale. Les hommes du chœur arrivent par la droite et se rangent à gauche, les femmes entrent par la gauche et se placent à droite, les danseurs et les danseuses, portant des guirlandes et des corbeilles de fleurs, viennent ensuite occuper le milieu et le fond de la scène pendant le chœur suivant.

FINALE.

CHOEUR.

En ce jour, tendre hyménée,
A deux amants accorde tes faveurs.
Qu'une chaîne fortunée
Vienne unir à jamais leurs cœurs.

Ces époux sont l'espérance
D'une illustre maison ;
De la beauté, de la vaillance,
Célébrons l'heureuse union.

SCENE XI.

RODRIGUE, EDELMONE, ODALBERT, ER-MANCE, PAGES, CHŒUR. *Ermance reste sur le second plan pendant cette scène, les pages se placent devant les hommes du chœur.*

EDELMONE.

Où suis-je? qu'ai-je vu? quelle pompe s'apprête?

ODALBERT.

De l'hymen qui plait à mon cœur,
En ces lieux, par mes soins, on prépare la fête.
Rodrigue t'aime, il fera ton bonheur.

RODRIGUE *à part.*
Elle soupire!

ERMANCE *à part.*
Cruel moment!

EDELMONE, *à part.*
O ciel! que dire?

ODALBERT.

Je voulais un époux qui fût digne de toi.

EDELMONE, *à part.*

O devoir! ô nature! Amour, inspire-moi!

ODALBERT.

Comblez les vœux d'un père,
Cédez à ma prière ;
J'ai tout fait pour vous plaire,
Reposez-vous sur moi.

RODRIGUE, *à part.*

Heureuse préférence!
Tu me rends l'espérance.
Couronne ma constance,
Amour, je m'abandonne à toi!

EDELMONE, *à part.*

Mon père, hélas! qu'exigez-vous de moi?
Ah! qui pourrait rompre ma chaîne!
Votre espérance est vaine,
Et j'ai donné ma foi.

ODALBERT, *à part.*

Elle se tait, ô funeste présage!

RODRIGUE, *à Edelmone.*

Hélas! prenez pitié des rigueurs de mon sort.

EDELMONE.

Non, laissez-moi.

ODALBERT.

Qu'entends-je?

RODRIGUE.

Quel outrage!

EDELMONE, *à part.*

Pourrai-je braver leur transport?

ODALBERT.

Viens à l'autel.

EDELMONE.

Prenez ma vie.

ODALBERT.

A mes lois il faut obéir.
Celui qui te prie
A droit de punir.

RODRIGUE, *à Edelmone.*

Voyez le trouble extrême
Qui dévore mon cœur,
Un père qui vous aime
Vous parle en ma faveur.

ODALBERT.

Voyez le trouble extrême
Qui dévore son cœur,
Un père qui vous aime
Vous parle en sa faveur.

EDELMONE, *à part.*

Toujours celui que j'aime
Me parle en sa faveur;
Et mon père lui-même
Ne peut rien sur mon cœur.

SCENE XII.

RODRIGUE, EDELMONE, ODALBERT, ER-
MANCE, OTELLO *dans le fond à droite, précédé et
suivi de ses amis, Chœur à droite et à gauche.*

OTELLO, *à part.*
Que vois-je? l'infidèle
Auprès de mon rival.

AMIS D'OTELLO, *à Otello.*
Silence!

RODRIGUE, *à Edelmone.*
Dissipez ma crainte mortelle
En cet instant fatal.

ODALBERT, *à Edelmone.*
Prononce.

OTELLO, *à ses amis qui l'empêchent d'avancer.*
Ah! laissez-moi.

ODALBERT, *à Edelmone.*
Fille rebelle.

RODRIGUE, EDELMONE, *à part.*
Tout accroît ma peine mortelle
En cet instant fatal.

CHOEUR, *à part.*
Au sort qui la menace
Grand Dieu, viens l'arracher!

EDELMONE, ERMANCE, *à part.*
O ciel! mon sang se glace;
Rien ne peut le toucher.

RODRIGUE, ODALBERT, *à part.*
O ciel! mon sang se glace,
Rien ne peut la toucher.

ODALBERT, *à Edelmone.*
Viens, Edelmone.

OTELLO, *s'avançant.*
Arrête!

RODRIGUE, ODALBERT, CHOEUR DE LEURS AMIS.
O surprise! ô fureur!

EDELMONE, ERMANCE, CHOEUR DE FEMMES.
Grand Dieu, soutiens mon cœur!

*(Au moment où Otello s'avance, les pages se retirent dans le
fond de la scène.)*

ODALBERT, *à Otello.*

Que veux-tu?

OTELLO.

Son cœur.

L'amour me le donna, l'amour te le réclame.

ODALBERT.

Quelle audace!

EDELMONE.

Grand Dieu!

RODRIGUE.

Quelle odieuse trame!

OTELLO, *à Edelmone.*

Est-ce ainsi qu'en ce jour tu me gardes ta foi?

RODRIGUE, *à Otello.*

Sur quel droit fondez-vous une telle espérance?
Pour réclamer ce cœur qui va suivre ma loi.

OTELLO.

Amour, vertu, constance,
Un serment solennel.

ODALBERT.

Quelle témérité!

(*A Edelmone.*)
Qu'ai-je entendu?

EDELMONE.

La vérité.

RODRIGUE, ODALBERT.

Grand Dieu! livrez ma tête
A vos foudres vengeurs.

ODALBERT, *à Edelmone en la prenant par la main.*

Viens; suis mes pas.

OTELLO.

Arrête!

RODRIGUE.

O vengeance! je suis en proie à tes fureurs.
(*Edelmone quitte son père pour se rapprocher d'Otello.*)

ODALBERT, *à Edelmone.*

Fille ingrate, je te maudis.

CHOEUR GÉNÉRAL.

Jour de douleurs!
(*Edelmone tombe dans les bras d'Ermance.*)

OTELLO, EDELMONE, *à part.*

O ciel! que faire?
De sa colère,
La voix d'un père,
Vient m'accabler.

RODRIGUE, ODALBERT, ERMANCE, LE CHOEUR, *à part.*

O ciel! que faire?
La voix d'un père,
De sa colère,
Vient l'accabler.

RODRIGUE, *à Otello.*

Ah! laisse-nous.

OTELLO, *à Rodrigue.*

Redoute ma vengeance.

EDELMONE.

O mon père!

ODALBERT.

Plus de clémence.

RODRIGUE, *à Otello.*

Redoute mon courroux.

EDELMONE, ERMANCE, *à part.*

Ah! quel affreux nuage,
J'entends gronder l'orage,
Hélas! je perds courage,
En ce cruel moment.

RODRIGUE, OTELLO, ODALBERT, *à part.*

Pour moi quel outrage!
Comment cacher ma rage?
En ce cruel moment.

CHOEUR, *à part.*

Elle tremble, quelle rage!
J'entends gronder l'orage,
Hélas! je perds courage
En ce cruel moment.

RODRIGUE, *à Otello.*

Non, non, rien ne te peut sauver de mon transport.

OTELLO, *à Rodrigue.*

Cruel, ce bras te dévoue à la mort.

(*Edelmone remonte la scène, passe derrière Odalbert, et vient se placer entre Rodrigue et Otello; elle les sépare au moment de leur défi; elle passe ensuite devant Otello, et s'adresse à Odalbert.*)

EDELMONE

Mon père!

ODALBERT.

Laissez-moi.

ERMANCE, *à part.*

Trop malheureuse enfant!

EDELMONE, ERMANCE, *à part.*

Ah! quel affreux nuage,
J'entends gronder l'orage,
Hélas! je perds courage
En ce cruel moment.

RODRIGUE, OTELLO, ODALBERT, *à part.*

Pour moi quel outrage!
Comment cacher ma rage?
En ce cruel moment.

CHOEUR, *à part.*

Elle tremble, quelle rage!
J'entends gronder l'orage,
Hélas! je perds courage
En ce cruel moment.

(*Sortie tumultueuse, le rideau tombe.*)

FIN DU PREMIER ACTE.

Otello.

ACTE SECOND.

Le théâtre représente une salle du palais d'Otello. Cette salle a trois portes, une dans le fond, une à gauche, une à droite, celle-ci conduit à l'appartement d'Edelmone. A droite est un fauteuil. Au lever du rideau, les amis d'Otello entrent avec Edelmone.

SCÈNE PREMIÈRE.

EDELMONE, ERMANCE, CHOEUR.

CHOEUR.

Séchez vos larmes,
Loin des alarmes
Goûtez les charmes
D'un sort plus doux.
Comptez sans cesse
Sur la promesse,
Sur la tendresse
De votre époux.
Comme il vous aime
D'amour extrême,
Bonheur suprême
Vous unira.
Et trop sévère
Dans sa colère,
Un tendre père
Pardonnera.

SCÈNE II.

EDELMONE, OTELLO, ERMANCE, CHOEUR.

OTELLO,

De mon bonheur je vois naître l'aurore.
Unissez-vous, amis, à des transports si doux.
Je puis enfin, en dépit des jaloux,
Paisible possesseur de celle que j'adore,
Porter le nom de son époux.
Le chœur se retire, Ermance et trois femmes de la suite d'Edelmone restent dans le fond de la scène à droite.

SCENE III.

EDELMONE, OTELLO, ERMANCE, SUITE.

EDELMONE.

Otello, cher époux! crois-tu que mon père nous pardonne?

OTELLO.

Je l'espère, calme la terreur que son courroux vient de t'inspirer; il verra tôt ou tard avec indulgence cet amour dont son orgueil s'est offensé. Le ciel vient de consacrer des nœuds que l'amour le plus pur, le plus tendre avait formés, tu dois être sans alarmes, et croire enfin à mes sermens.

EDELMONE.

Ah! tout mon cœur est à toi; mais tu crois bien aussi que ma tendresse ne finira qu'avec ma vie.

OTELLO.

Si le plus faible soupçon pouvait altérer ma félicité, que tout mon sang se glace et s'arrête à l'instant.

EDELMONE.

Ton cœur est donc heureux?

OTELLO.

L'orage a souvent éclaté sur ma tête; j'ai vu la mer irritée s'élancer jusqu'aux cieux; j'ai vu la foudre et la tempête menacer d'engloutir mes frêles navires. Après ce bruit affreux, épouvantable, le calme paraissait bien doux; mais qu'il n'approche point de ce contentement paisible, sans bornes, que nul homme avant moi n'a connu. A mes transports, il me semble que mon ame enchantée va consumer en un moment tout le bonheur de ma vie. Mon cœur ne peut y suffire, et je devrais expirer en cet instant. O ciel! toi qui connais mes vœux, daigne servir de père à cette orpheline! que mon amour la rende heureuse, tu ne l'as point remise en des mains barbares. Pour garder ce trésor si précieux, pour mériter sa tendresse, donne-moi les vertus dont son ame est parée; fais que je lui ressemble, et que je puisse me rendre digne d'un bonheur que j'ai peine à porter.

EDELMONE.

Ah ! le charme de ton amour peut seul me faire oublier mes peines.

OTELLO.

Edelmone, commande en ces lieux : je ne puis passer avec toi qu'un moment d'amour, de plaisir et de tendres soins, il faut obéir à la nécessité.

EDELMONE.

Reviens bientôt, j'ai besoin de te voir, non pour nourrir mon amour, ton image chérie est sans cesse présente à mes yeux, mais j'aime à me trouver auprès de mon protecteur, de mon seul appui. (*Elle entre dans son appartement, suivie d'Ermance et de ses femmes.*)

SCÈNE IV.

OTELLO.

Non, rien dans l'univers n'approchera jamais d'un mérite si parfait ; c'est la vertu dans toute sa candeur, qui vient enchanter les mortels, sans savoir ce qu'elle est, et sans réclamer d'hommages. Malheur à l'insolent qui oserait ternir son innocence ; je sens à la fureur qui s'allume dans mon sein, que ce fer punirait à l'instant une si coupable audace.

SCENE V.

OTELLO, YAGO.

OTELLO.

Que viens-tu m'annoncer, ami ?

YAGO.

Ta disgrâce prochaine. Odalbert furieux exhale son courroux devant le sénat assemblé ; l'autorité paternelle méconnue, Edelmone enlevée au pied des autels, un hymen clandestin, tout est présenté sous l'aspect le plus criminel. Rodrigue te poursuit, et le Doge est sensible à l'offense que l'on a faite à son fils ; la crainte glace tous les cœurs ; l'envie conspire contre toi ; déjà l'on a perdu le souvenir de tes victoires, déjà le mot d'exil a frappé mon oreille, et semble annoncer le malheur qui te menace.

OTELLO.

Que le sénat m'approuve ou me condamne, peu m'importe; je n'attendrai pas son arrêt pour quitter une ville ingrate et corrompue. Affranchi du poids des grandeurs, délivré des tourmens de l'ambition, Otello reverra les bords fortunés du Nil, et l'amour d'Edelmone embellira son existence.

YAGO.

Te sera-t il permis de l'emmener?

OTELLO.

Suis-je assez lâche pour l'abandonner à mes ennemis? Plutôt cent fois la mort!

YAGO.

Mais... voudra-t-elle te suivre?

OTELLO.

J'ai droit de l'espérer. Après toutes les marques d'amour qu'elle m'a données, refuserait-elle de partager le sort de son époux? Odalbert la maudit; sa famille la repousse; sa mère, hélas! n'existe plus, seul je suis son appui, son refuge; tous ses liens sont rompus, et je ne pense pas qu'aucune autre affection puisse la retenir.

YAGO.

Je suis loin de le soupçonner. Cependant, de tels sacrifices me paraissent au-dessus des forces d'une femme jeune et belle : et l'inconstance des Vénitiennes...

OTELLO.

Il ne s'agit point des Vénitiennes, il s'agit d'Edelmone, de mon épouse.

YAGO, *avec intention et un sourire perfide.*

Pardonne à l'amitié trop prompte à s'alarmer ; (*avec feu.*) mon devoir était de te faire connaître le danger; ton courage indomptable prêt à le braver, ta noble indifférence qui le méprise, ne sauraient me dégager envers toi : je cours embrasser ta défense...

(*Il veut sortir, Otello le ramène.*)

OTELLO.

Non, demeure. Laisse le sénat flotter entre la justice et la haine ; Otello n'a pas besoin de défenseur. Un autre soin m'occupe ; les doutes, les soupçons ont porté le trouble dans mes sens, et ta sollicitude m'épouvante. Tu connais la violence et la franchise de mon amour ; ouvremoi ton cœur, cher Yago ; éclaire-moi sur ma destinée ; penses-tu que je puisse craindre quelque perfidie?

YAGO.

Malheureux Otello, garde-toi de la jalousie, ses tourmens sont cruels et ses effets terribles !

OTELLO.

Je ne suis point jaloux , je cherche seulement à découvrir la vérité.

YAGO.

La vérité !... quelquefois elle nous est bien funeste !

OTELLO.

Tu veux parler?... tu hésites comme si ta pensée recelait un secret trop affreux pour être révélé. De grâce , réponds-moi , termine mon supplice; Edelmone serait-elle capable de me tromper ?

YAGO.

N'a-t-elle pas trompé son père? Quand elle semblait repousser ou craindre les regards, c'est alors qu'elle les aimait le plus ; celle qui , si jeune et sans expérience, put soutenir un rôle si difficile , et se soustraire à la vigilance du sévère Odalbert... Tu frémis!

OTELLO.

Non... je suis tranquille. Mais, pourquoi m'a-t-elle abusé par de fausses promesses? Pourquoi m'accorder une préférence fatale? Sa démarche aujourd'hui m'a prouvé son amour.

YAGO.

Ta candeur me surprend et ta crédulité m'afflige. Crois-moi, veille sur ton épouse ; je connais les mœurs de Venise, et sois persuadé que si deux rivaux se présentent à l'autel, l'hymen, en nommant le vainqueur, a bien souvent désigné sa victime.

OTELLO.

Feux et tonnerre ! s'il faut qu'Edelmone infidèle ait conservé de coupables intelligences avec mon rival !.....
Oh! que le misérable n'a-t-il à perdre mille fois la vie! une seule, une seule est trop peu pour ma vengeance.

YAGO.

Ah! tu m'as fait frémir !

OTELLO.

Soulève-toi, mon cœur! tu es gonflé du poison des vipères... mais où m'emporte un aveugle transport? suis-je sûr de son crime? Yago, tu serais le plus criminel des

hommes, si l'affreuse vérité ne te justifiait pas à mes yeux ;
il me faut des preuves, je les attends, je les exige.

YAGO.

Non, je ne veux plus avoir d'amis, puisque l'amitié peut
recevoir un tel affront. Il est trop dangereux d'être sincère ;
ingrat ! vous me forcez à rompre le silence, et c'est pour
calomnier mon zèle, et peut-être pour m'accuser d'imposture ! Lisez, et que cet écrit vous parle pour moi.

DUO.

OTELLO, *après avoir ouvert le billet.*

Plus de doute, c'est bien elle,
L'infidèle
L'adressait a mon rival.
Quelle trame criminelle
Me révèle
Un billet si fatal.

YAGO, *à part.*

Qu'une atteinte si cruelle
Désespère mon rival,
Oui, frappons un coup si fatal.

OTELLO *lit le billet.*

Mon seul bien... Qu'ai-je lu ?

YAGO *à part*

Le poison le dévore.

OTELLO.

Toi que j'adore....
Ah ! quelle horreur !
Le désespoir est dans mon cœur.

YAGO, *à part.*

Ah ! pour moi quel bonheur !

OTELLO.

De mes cheveux reçois ce gage....
Juste ciel !

YAGO, *à part.*

Dans ses yeux je vois la rage.

OTELLO, *à Yago.*

Mais, où donc est ce gage ?

YAGO, *lui donnant le bracelet de cheveux,*

Le voilà, je le cède avec horreur !

OTELLO, *à part.*

Certitude mortelle!
J'adorais l'infidèle!
Une peine si cruelle
Me déchire et m'arrache le cœur.

IAGO, *à part.*

Ce rival odieux possède l'infidèle
Une peine si cruelle
Me déchire et m'arrache le cœur.

OTELLO, *à Yago.*

Que vais-je faire!

IAGO.

Calme-toi.

OTELLO,

Non c'en est fait.

IAGO.

Tu voudrais.....

OTELLO, *avec une explosion terrible.*

Oui, je veux me satisfaire.
Sois sûr que tout leur sang layera ce forfait.

IAGO.

Que dis-tu ?

OTELLO.

Je le jure ,

IAGO.

Mais l'amour....

OTELLO.

N'est rien pour moi.

IAGO.

Je t'en conjure,
Calme-toi!

OTELLO,

L'amour, l'honneur demande une promte justice,
Je vais punir ceux qui m'ont outragé.
Ma mort suivra ton supplice
Mais au moins je mourrai vengé.

IAGO.

L'amour, l'honneur demande une promte justice
Je vais punir ceux qui m'ont outragé.
Hâtons l'instant de leur supplice
Oui, mon honneur sera vengé.

SCENE VI.

OTELLO.

O comble de l'horreur! Edelmone infidèle! par quel art
sa douleur faisait mentir ses yeux, faisait mentir ses larmes!
Malheureux Otello, quel ascendant fatal est venu t'arracher
à tes déserts? Pourquoi n'es-tu pas mort inconnu sur les
bords africains?..De longs rugissemens annoncent le courroux
des lions; le vent nous prédit les tempêtes par ses fureurs;
l'éclair précède la foudre, mais une femme! une femme!
tranquillement perfide, couvre ses actions d'un voile impé-
nétrable, c'est en nous flattant qu'elle nous enfonce le
poignard dans le sein... Edelmone! ce nom devrait m'être
odieux; cependant, je ne puis l'arracher de ce cœur
expirant!

SCENE VII.

OTELLO, RODRIGUE.

OTELLO.

Mais .. que me veut Rodrigue?

RODRIGUE.

Otello, ma présence en ces lieux doit vous surprendre;
une rivalité funeste nous a divisés. Si j'avais pu confier ma
destinée au sort des armes, ce n'est qu'en perdant la vie
que j'aurais abandonné l'espoir d'obtenir Edelmone. Fier
des promesses d'Odalbert, j'avais droit de prétendre à la
main de sa fille; elle a fait connaître son choix; l'hymen
vous unit, et je ne vois plus en elle que l'épouse de mon
général. Toute réconciliation est impossible entre nous;
Otello, nous devons rester ennemis, l'honneur l'exige;
mais on ose m'accuser hautement d'être votre persécu-
teur, et d'abuser de mon pouvoir, de mon crédit pour
vous calomnier et vous perdre. Ces doutes sont trop inju-
rieux, je dois les détruire d'une manière éclatante, et montrer que le rôle infâme de délateur ne s'accordera jamais
avec la loyauté d'un chevalier vénitien.

OTELLO.

Ta loyauté!... ce mot cache quelque nouvelle trahison;
toi, mon défenseur! penses-tu que je consente à m'avilir?
je méprise ce honteux secours, et ne veux accepter que
la haine.

TRIO.

RODRIGUE.
Perfide, avance!
Pour venger cette offense,
Ma rage demande ton sang.
OTELLO.
Pour éteindre la flamme
Qui dévore ton ame,
Ma rage demande ton sang.
ENSEMBLE.
Tu pourras me connaître
En ce fatal moment.
(*à part.*)
Je vois déjà le traître
Sous mes coups expirant,
(*haut.*)
Aux armes! la mort t'attend.

*Au moment où ils remontent la scène pour sortir, Edelmone
arrive par la porte du fond.*

SCENE VIII.

OTELLO, EDELMONE, RODRIGUE.

EDELMONE.
Cruels! où vous entraîne
Une aveugle fureur?
Abjurez cette haine
Ou bien percez ce triste cœur.
OTELLO, *à Rodrigue.*
Suis-moi.

RODRIGUE.
Sortons.
OTELLO.
Je suis content.

EDELMONE, *à Otello.*

Pourquoi me fuir? quelle fureur te guide?
Faut-il accroître ainsi ma peine et mon tourment?

RODRIGUE.

Marchons.

OTELLO, *à Edelmone.*

Oses-tu bien, perfide....?

EDELMONE.

Qu'entends-je ô ciel! quelle fureur te guide
En ce fatal moment.

OTELLO, *à part*

Tu connaîtras, perfide,
Tout mon ressentiment.

RODRIGUE, *à part.*

L'aspect de la perfide
Ajoute à mon tourment.

*Après cet ensemble, Edelmone regarde Otello, remarque un
sourire affreux sur ses lèvres, baisse la tête et frémit.*

EDELMONE, *à Otello avec l'accent du désespoir.*
Ah! par pitié....

OTELLO

Laisse-moi, laisse-moi.

EDELMONE.

Hélas! que t'ai-je fait?

OTELLO.

Tu le sauras.

RODRIGUE.

Vengeance!

OTELLO.

Aux armes!

EDELMONE,

Cher époux, viens calmer mon effroi.

OTELLO.

Non... (*à part.*) Peut-on feindre avec tant d'assurance?

EDELMONE.

Ah! par pitié....!

OTELLO.

Laisse-moi, laisse-moi.

RODRIGUE, *à part.*

Je vais punir l'audace
D'une vaine menace,
Il faut qu'il satisfasse
A ma juste fureur.

EDELMONE *à part,*

Quelle horrible menace !
D'effroi mon sang se glace,
Se glace dans mon cœur.

OTELLO, *à part.*

D'horreur mon sang se glace.
L'excès de son audace
Redouble ma fureur.

Rodrigue et Otello sortent, Edelmone veut les suivre, mais ses forces l'abandonnent, elle tombe évanouie sur un fauteuil. Ermance arrive par la porte de la chambre.

SCÈNE IX.

EDELMONE, ERMANCE.

ERMANCE.

Que vois-je? ô ciel! Edelmone évanouie ! la pâleur de la mort couvre son visage... Hélas ! comment la soulager, comment la secourir ? Chère Edelmone, écoute-moi !... c'est ton amie qui t'appelle... Quel silence effrayant !... ses mains sont glacées... qui cause sa douleur? qui me l'a ravie ? où donc est ce barbare? .. Je voudrais... mais, elle ouvre ses paupières languissantes... enfin, elle respire.

EDELMONE.

Qui êtes-vous ?

ERMANCE.

Eh ! quoi, vous ne me connaissez pas ?

EDELMONE.

Chère Ermance !

ERMANCE.

Venez, suivez-moi ; de grâce, ne restez pas plus long-temps dans ces lieux.

EDELMONE, *fortement préoccupée, et sans répondre à Ermance.*

O ciel! quel affreux sourire; quel changement de voix!

où suis-je? quels adieux ! son cœur me cacherait-il quelque orage terrible?... le mien est pur... il est sensible . il m'aime... il faudra qu'il s'explique. (*A Ermance.*) Mais, pourrai-je le revoir, l'embrasser ?

ERMANCE.

Que me demandez-vous ?

EDELMONE.

Tu ne me réponds point?.. suis leurs pas... cours t'informer..... tâche de savoir..... ses jours sont menacés. Troublée, je m'égare, je succombe à l'excès de mes maux !

FINALE.

O Dieu qui voyez mes larmes!
Prenez pitié de ma douleur.
Calmez de mortelles alarmes,
Et rendez l'espoir à mon cœur.
Ah! si le sort des armes
Allait te trahir en ce jour!
Grand Dieu, prévenez le crime!
Et s'il fallait une victime,
Laissez-moi mourir pour l'amour.

(*Les femmes de la suite d'Edelmone arrivent et se rangent à droite. Edelmone, pensive et accablée par sa douleur, la main sur son front, ne se retourne et n'aperçoit le chœur qu'au moment où elle doit s'avancer pour l'interroger.*)

SCENE V.

EDELMONE, ERMANCE, Chœur de Femmes.

EDELMONE, *au chœur*.

Eh bien! que dites-vous?
Vous voyez mon martyre;
Parlez, daignez m'instruire
Du sort de mon époux.

LE CHOEUR, *à part*

Que pourrions-nous lui dire?

EDELMONE.

Eh quoi! vous vous taisez?
Ce funeste silence,
Il m'en a dit assez.

LE CHOEUR.

Conservez l'espérance.

EDELMONE.

Non, non, plus d'espérance,
Ce funeste silence,
Il m'en dit assez.

(*Les amis d'Otello arrivent et se placent à gauche.*)

SCENE XI.

EDELMONE, ERMANCE, Chœur de Femmes, Chœur d'Hommes.

EDELMONE, *aux amis d'Otello.*

Parlez, daignez m'instruire.

LE CHOEUR D'HOMMES.

Que voulez-vous savoir?

EDELMONE.

Si mon époux respire.

LE CHOEUR D'HOMMES.

Oui, dans ces lieux vous allez le revoir.

(*Edelmone, qui a passé devant les amis d'Otello pour les interroger, se trouve en ce moment près du fond du théâtre, elle descend en disant avec une gradation de sentiment :*)

Il est sauvé! je vais le voir!

arrivée sur l'avant-scène, elle fléchit un peu le genou, met les deux mains sur son cœur, leve les yeux au ciel et dit avec exaltation :)

Voilà ce que mon cœur désire!

SCENE XII.

ODALBERT, EDELMONE, ERMANCE, Chœurs.

ODALBERT, *à part.*

Ma fille en ces lieux !

EDELMONE, *à part.*

Ciel, mon père!

ODALBERT, *à Edelmone.*

Tu braves ma colère,
Après avoir trahi l'honneur et le devoir.

CHOEUR GÉNÉRAL, *à part.*

D'un père je crains le pouvoir.

EDELMONE.

Vraiment, puis-je encore espérer
Qu'un père me pardonne.
Hélas! s'il m'abandonne,
Quel secours implorer!

ODALBERT.

O trahison affreuse!
Le ciel te punira.
Tu mourras malheureuse,
Et ton époux me vengera.

(*Odalbert, l'œil en feu, menaçant de la voix et du geste, par-
court l'avant-scène; Edelmone le suit dans une attitude sup-
pliante, et son désespoir s'accroît à mesure qu'elle entend
l'effrayante prédiction de son père. Le chœur s'est rapproché
des acteurs, et remplit la scène.*)

EDELMONE, *avec l'accent du désespoir.*
Mon père m'abandonne!

LE CHOEUR, *à voix concentrée.*

O douleur!

EDELMONE.
Mon père m'abandonne!

LE CHOEUR.

O douleur!

EDELMONE.
Qui me consolera!

ODALBERT.

O trahison affreuse!
Le ciel te punira.
Tu mourras malheureuse,
Oui, ton époux me vengera.

ERMANCE et le CHOEUR.

Fille trop malheureuse!
Ton époux reviendra.
Dans ta douleur affreuse
Il te consolera.

FIN DU SECOND ACTE.

ACTE TROISIÈME.

(Le théâtre représente la chambre à coucher d'Edelmone. Dans les angles sont deux grands arceaux en ogive : celui de droite forme l'entrée de l'alcôve fermée par des rideaux verts ; celui de gauche est occupé en entier par un vitrage en plomb, au milieu duquel s'ouvre une fenêtre qui donne sur un balcon : cette fenêtre est ouverte au commencement de l'acte. Entre les deux arceaux est une grande porte d'entrée, à droite et à gauche s'ouvre une petite porte secrète ; près de l'alcôve est un trépied sur lequel veille une lampe de nuit, plus près de l'avant-scène, et toujours à droite, on voit une table sur laquelle est une très-petite harpe, ou un théorbe. Au lever du rideau Edelmone est assise au milieu du théâtre.)

SCENE PREMIERE.

EDELMONE.

La nuit a déployé ses voiles ; le sommeil appesantit mes yeux, et je cherche en vain le palais de mon père. Me voilà seule ; d'où me vient cette terreur secrète ? le charme délicieux de l'amour n'est-il plus avec moi ? A peine suis-je entrée dans cette triste chambre, qu'un tremblement soudain m'a saisie ; il semblait m'avertir... Juste ciel ! si j'étais condamnée à n'en sortir jamais ! *(Avec un frémissement subit et involontaire.)* Qui vient ici ? *(Ermance entre par la petite porte à droite, passe derrière Edelmone, et se place à la droite de celle-ci.)*

SCENE II.

EDELMONE, ERMANCE.

ERMANCE.

C'est moi ; d'où vient cet effroi ? craignez-vous quelque fureur injuste d'Otello ?

EDELMONE.

Non, je ne le crains pas ; je l'aime.

ERMANCE.

Son air, ses discours semblaient-ils vous annoncer quelque orage ?

EDELMONE.

Son langage, son sourire affreux m'ont glacé d'épouvante.

ERMANCE.

Qui peut donc altérer son caractère à ce point ?

EDELMONE, *avec une profonde mélancolie.*

Voici bientôt le jour funeste où je perdis ma mère.

ERMANCE.

Pourquoi chercher vous-même à augmenter votre douleur ?

EDELMONE.

Sa chambre ressemblait à celle-ci.

ERMANCE.

Se peut-il !...

EDELMONE.

Une lampe portait vers son lit sa lumière inégale et lugubre ; (*Regardant sa lampe.*) je crois la voir encore.

ERMANCE.

Mais c'est trop vous affliger.

EDELMONE.

Jusqu'à l'heure de sa mort, ma mère ignora son danger!

ERMANCE.

Le ciel nous laisse l'espérance jusqu'au dernier soupir.

Otéllo.   3

EDELMONE.

« Tu mourras malheureuse! » O mon père! ta voix redoutable retentit encore au fond de mon cœur.

ERMANCE.

De grâce, calmez vos alarmes.

EDELMONE, *avec un cri de déchirement et de terreur.*

« Tu mourras malheureuse! »

ERMANCE.

Qu'ai-je entendu? ce cri m'a fait frémir.

EDELMONE.

En proie à la haine de mon père, mon époux condamné à l'exil le plus cruel .. comment puis-je trouve un soulagement à mes peines?

(*On entend de loin un gondolier qui chante.*)

LE GONDOLIER.

Félicité passée
Qui ne peut revenir,
Tourment de ma pensée,
Que n'ai-je en vous perdant, perdu le souvenir!

(*Edelmone en entendant ce refrain, fait un mouvement.*)

EDELMONE.

Ces doux accens ont pénétré mon ame. (*Elle se lève et s'approche de la fenêtre*) Qui chante ainsi? il semble qu'on ait voulu se conformer à ma triste situation.

ERMANCE.

C'est le gondolier qui charme les ennuis du chemin, en traversant la paisible lagune. Il regagne le toit paternel.

EDELMONE.

Qu'il est heureux!... Si je pouvais moi-même... Vain espoir! cruel amour! tu m'as condamnée à verser des larmes amères.

ERMANCE, *à part.*

Sa douleur augmente. (*On voit un éclair.*) Le ciel est tout en feu. (*Ermance ferme la fenêtre.*)

EDELMONE.

Isaure! Isaure!

ERMANCE, *à part.*

Elle appelle son amie.

EDELMONE.

L'infortunée! tu le sais, elle périt victime de l'affreuse jalousie. Assise au pied d'un saule, elle contait aux vents son injure et sa peine; et souvent, dans un chant douloureux, elle unissait sa voix avec ses pleurs; et moi j'aime à redire la romance plaintive d'Isaure.

(*Ermance présente la harpe à Edelmone, qui s'assied, la pose sur ses genoux, et s'en accompagne.*)

ROMANCE.

Au pied d'un saule, Isaure,
En proie à son tourment,
De celui qu'elle adore
Plaignait l'égarement.
L'écho, le doux zéphire,
Allaient redire
Ses chants.

Garde pour le parjure
Tes soupçons outrageans,
Tu verras l'imposture,
Il ne sera plus temps.
L'écho, le doux zéphire,
Allaient redire
Ses chants.

D'une amour tendre et pure
Elle fut le berceau;
Saule, que ta verdure
Ombrage mon tombeau.
L'écho, le doux zéphire,
Plus ne soupire
Mes chants.

Qu'ai-je dit?... je me trompe, et la douleur m'égare,
La romance n'a point cet affreux dénoûment.
(*On entend le bruit de l'orage, un coup de vent casse plusieurs vitres.*)
D'où vient ce bruit? ô ciel!

ERMANCE.

L'orage se prépare.

EDELMONE.

Dans cette affreuse nuit tout accroît mon tourment.
Allons, va du sommeil goûter enfin les charmes.

ERMANCE.

Hélas ! en vous quittant, je sens couler mes larmes !

EDELMONE.

Je le veux.

ERMANCE.

J'obéis... je vous laisse... En quel lieu !
Ma fille !... mon enfant !

EDELMONE.

Ma chère Ermance ! adieu.

(*Ermance se retire par la porte à droite.*)

SCENE III.

EDELMONE.

PRIÈRE.

Suspends, Dieu que j'implore,
Le mal qui me dévore,
Que celui que j'adore
Le calme à mon réveil.
Si ma prière est vaine,
Si ma perte est certaine,
Mets un terme à ma peine,
Prolonge mon sommeil.

(*Elle sépare les rideaux qui restent relevés, se place sur le lit et s'endort. Le lit se trouve en travers à l'entrée de l'alcôve, Edelmone couchée a les pieds du côté de la grande porte. Otello entre par la petite porte secrète à gauche.*)

SCENE IV.

EDELMONE endormie, OTELLO.

OTELLO.

MÉLODRAME.

Me voilà donc arrivé dans la chambre fatale ! (*Musique A*)
Yago veillait sur moi, personne n'a pu m'apercevoir. (*Musique*

B.) Comme ces clartés sombres l'embellissent encore à mes yeux enchantés! (*Il regarde la lampe.*) Ah! pour ressusciter cette flamme, il est facile de retrouver l'étincelle d'un feu nouveau... Mais, que j'éteigne une fois la flamme de la vie, toi le plus merveilleux ouvrage de la nature, où prendrai-je le feu qui pourrait te ranimer! (*Musique C.*) (*Il s'éloigne plein de perplexité.*) Est-ce sa faute si mon aspect effrayant l'éloigne de moi? Injuste ciel! pourquoi ne m'as-tu pas donné une figure qui retraçât l'image de mon cœur? Peut-être qu'alors... mais que dis-je? sa trahison ne mérite-t-elle pas ma rigueur? Oui, que la perfide meure! (*Musique D.*) (*Il s'approche de nouveau du lit.*) Son aspect m'attendrit et mon bras est tremblant. Il faut que je pleure, mais ce sont de cruelles larmes. C'est le courroux du ciel, il frappe ce qu'il aime. (*Il éteint la lampe.*) O nuit! viens me couvrir de ton ombre, viens me cacher à moi-même.

EDELMONE, *dormant.*

Mon bien-aimé!

OTELLO.

Qu'entends-je?... ce nom... pour qui?... rêve-t-elle. (*Un éclair qui brille à travers la fenêtre lui fait voir qu'elle dort.*) (*Bruit de tempête, musique n° 18.*) Le ciel me montre la victime, le ciel m'invite à la vengeance. (*Musique n° 19, tonnerre, Edelmone s'éveille et, à lueur des éclairs, reconnaît Otello qui lui dit :* Perfide!

EDELMONE, *se lève.*

Juste ciel! que vois-je? quel funeste dessein te conduit auprès de moi?

OTELLO.

Tu m'as trahi!

EDELMONE.

Je suis innocente, j'en atteste le ciel.

OTELLO.

Parjure!... oses-tu?

EDELMONE.

Ah! mon père vous l'avez prédit. Ingrat! arrache-moi la vie; frappe, voilà mon cœur, mon seul crime est de t'avoir aimé.

OTELLO.

Oui, tu mourras; mais afin que ton agonie soit plus douloureuse, apprends que ton bien-aimé n'existe plus, il est tombé sous les coups de Yago.

EDELMONE.

Yago! grand Dieu! qu'ai-je entendu? Qu'as-tu fait?
comment peut-on se fier à un traître tel que lui?

OTELLO.

Traître!... Ah! oui, je vois bien d'où vient ta colère;
mais les plaintes sont désormais inutiles.

EDELMONE.

Hélas!

OTELLO.

Ce soir, as-tu fait ta prière?

EDELMONE.

Oui, j'ai prié pour vous.

OTELLO.

Allons, j'attendrai encore un moment.

EDELMONE.

Que voulez-vous me dire?

OTELLO.

Tu dois m'entendre.

EDELMONE.

O jour!...

OTELLO.

Le dernier de tes jours.

(*La tempête devient plus violente, les éclairs se succèdent avec
rapidité, le tonnerre gronde.*)

FINALE.

OTELLO.

Orage terrible et funeste !
Nuit de vengeance et d'horreur !
Oui! la colère céleste
Seconde ma juste fureur.

EDELMONE.

Orage terrible et funeste !
Nuit de vengeance et d'horreur !
Ah! nul espoir ne me reste,
Je me dévoue à ta fureur.
Voyez mon cœur,
Grand Dieu prenez pitié de l'innocence !

OTELLO.

Le ciel m'invite à la vengeance ,
Le ciel seconde ma fureur.

EDELMONE.

Si le ciel me punit, sa rigueur est justice.
Et je me résigne à mon sort.

OTELLO.

Elle ose m'insulter, mon bras s'arrête encor.

EDELMONE.

Monstre, frappe.

OTELLO.

Que la vengeance s'accomplisse.

Il la saisit, l'entraîne vers le lit, s'arme de son poignard,
Edelmone résiste un instant, elle s'évanouit et tombe sur le lit.

EDELMONE.

Hélas!

OTELLO *frappant Edelmone.*

Meurs, infidèle.

Après avoir fermé les rideaux, Otello s'éloigne du lit avec
agitation et terreur. Après un moment de silence, on frappe à
la porte.

LE DOGE, *en dehors.*

Otello.

OTELLO.

Quelle voix!

Je sens le remords vengeur. (*il ouvre la porte*)

SCENE V.

OTELLO, LE DOGE.

OTELLO.

Rodrigue....

LE DOGE.

Il est sauvé.

OTELLO.

Et Yago…?

LE DOGE.

Il a péri

OTELLO.

Qui donc l'a puni?

LE DOGE.

Le ciel, l'amour.

OTÉLLO.

Qu'entends-je?

LE DOGE.

Au milieu des tortures

Forfaits, impostures,

Il a tout dévoilé

OTELLO, *à part*

De ce coup je suis accablé.

LE DOGE.

Chacun partage mon ivresse,

Connais enfin l'excès de ton bonheur.

OTELLO, *à part.*
Quel trouble me presse !
L'enfer est dans mon cœur.
(*Odalbert, Rodrigue, Ermance, arrivent suivis du chœur*)

SCÈNE VI.

ODALBERT, OTELLO, LE DOGE, RODRIGUE, ERMANCE, le Chœur.

LE DOGE.
Venise pardonne
Au More triomphant.

ODALBERT.
L'époux d'Edelmone
Est aussi mon enfant.

RODRIGUE.
L'aveu d'un perfide
M'éclaire en ce jour.
L'honneur seul me guide,
Je te cède à mon tour
L'objet de mon amour.

OTELLO, *dans la stupeur du désespoir.*
Quelle peine !

CHŒUR GÉNÉRAL.
O plaisir ! qu'ici la gaîté brille.
Accepte en ce jour
Notre estime et notre amour.

ODALBERT, *prenant Otello par la main et cherchant Eldemone.*
Que la main de ma fille....

OTELLO, *égaré.*
Oui, la main de ta fille
Odalbert il faut nous unir.

Regarde !
Otello conduit Odalbert vers le lit, porte la main sur les rideaux qui se relèvent aussitôt et laissent voir Edelmone frappée au cœur, la tête penchée hors du lit et les cheveux pendans ainsi que le bras gauche, la couverture du lit est ensanglantée jusqu'à terre dans la direction de la blessure.

ODALBERT.
O crime !

OTELLO.
Et je sais m'en punir.
Il se tue; tous poussent un cri d'horreur et le rideau tombe.

FIN.

COSTUMES.

OTELLO.

Costume militaire des Turcs, de la plus grande richesse. Pantalon de casimir rouge-brun, ou lilas brodé en or. Turban blanc très-relevé sur le devant, ceinture, poignard, sabre recourbé, suspendu avec un cordon (1).

ODALBERT.

Robe de velours noir, ouverte et non traînante. Chaperon bordé en fourrure blanche sur l'épaule gauche. Simare en étoffe de soie violette, ceinture noire, toque noire de forme carrée. Barbe telle qu'on la portait en France du temps

---

(1) Otello, conduisant les troupes vénitiennes contre les Turcs, et les Albanais, avait sans doute quitté l'habit oriental. La raison voudrait que le More, naturalisé en Europe, se montrât sur la scène vêtu comme Rodrigue et Yago qui sont ses lieutenans. Mais Shakspeare a donné à son héros le costume africain aussi élégant que pittoresque ; et les auteurs qui ont suivi les traces du tragique anglais, ont adopté le même système. Le turban convient admirablement à cette tête étrangère, qui se distingue déjà par son caractère et sa couleur. La tradition permet de conserver à Otello toute sa physionomie ; nous ne devons pas négliger un moyen si avantageux pour l'effet dramatique. Les pièces de théâtre, les opéras surtout, ne sont, en général, qu'une suite d'agréables absurdités, qui trouvent leur excuse dans les jouissances qu'elles procurent. Toutes les fois que l'on a à choisir entre l'effet et la vérité, la vérité doit être sacrifiée.

de François 1er. Ce costume est celui de tous les sénateurs. Odalbert a deplus le lion de Saint-Marc brodé en argent sur le côté droit de sa robe.

LE DOGE.

Robe de velours écarlate, richement brodée en or, doublée et bordée d'hermine, à manches ouvertes et pendantes, simarc écarlate brodée en or, chaperon bordé d'hermine. Sur le côté droit de la robe est le lion de Saint-Marc; et sur le côté gauche le chevalier terrassant un dragon, brodés en or. Grande médaille d'or suspendue en sautoir au col avec une chaîne du même métal. Tiare dorée, enrichie de pierreries de forme ovale dans le genre de celle des papes, mais un peu recourbée en avant dans sa partie supérieure. Grande bague; barbe comme les sénateurs.

RODRIGUE.

Costume italien, très-brillant, toque de velours noir à plume blanche.

YAGO.

Costume italien, chausses et pourpoint rouges, manteau de velours noir avec un galon d'or. Toque de velours noir avec une plume rouge.

PAGES.

Habit bleu de ciel garni en blanc, broderies en argent; chausses blanches, toque bleu de ciel avec une plume blanche.

EDELMONE.

Robe de satin blanc avec une garniture sur

le devant, en broderie, galons et lames d'argent. Cette garniture part du corsage et descend perpendiculairement jusqu'au bas, en augmentant en largeur, de manière à figurer un tablier. Manches longues et transparentes de tul blanc, gants blancs? Voile blanc de gaze attaché dans la coiffure en cheveux par un peigne d'or à diadème, et descendant par derrière jusqu'au bas de la robe, trois rangs de perles autour de la tête formant une pointe au milieu du front à la Marie Stuart. Pour la cérémonie nuptiale, Edelmone passe sur ce premier costume, une robe de velours bleu de ciel, à longue queue et à manches courtes. Cette robe est ouverte et laisse voir toute la garniture de la première. On ajoute à cette toilette une parure de diamans.

3e acte. Robe dite blouse de mousseline blanche, à manches longues et larges. Les cheveux lisses, relevés avec un peigne d'or très-simple.

ERMANCE.

Robe de satin noir, chapeau de velours noir avec une grande plume blanche.

Ces costumes sont décrits d'après ceux que l'on a faits à Naples, à Milan, à Venise, lors de la mise en scène d'*Otello*, opéra de Rossini, et du superbe ballet que Vigano composa, un an après, sur le même sujet. Les costumes du théâtre Louvois ne doivent point servir de règle ; attendu qu'ils sont trop pauvres : Yago s'y montre vêtu d'un vieux habit de magasin.

Nous avons indiqué, avec soin, la position des acteurs, les passes et les jeux de scène les plus remarquables. Nous appellerons toute l'attention des cantatrices françaises, sur la magnifique scène qui termine le second acte d'*Otello*. Les répertoires lyriques n'offrent rien d'aussi profondément pathétique ; et l'effet ravissant que Mme Pasta y produit comme tragédienne et comme virtuose, doit être un objet d'émulation pour les personnes qui suivent la brillante carrière de l'Opéra.

On remarquera sans doute que l'air chanté par Edelmone dans le premier acte de l'*Otello* français, n'est point celui que l'on a entendu exécuter à Paris. Voici la raison de ce changement. Rossini n'a pas écrit d'air pour le rôle d'Edelmone, Mme Pasta a voulu l'enrichir en y ajoutant le superbe morceau : *Oh quante lagrime !* mais ce morceau appartient à *la Dame du Lac*, partition admirable de l'auteur d'*Otello*, que je traduis en ce moment, et que je dois reproduire telle que l'auteur l'a publiée. Le bel air d'*Elisabetta*, *Sento un' interna voce*, convient tout aussi bien à la situation d'Edelmone, et mérite, sous tous les rapports, les suffrages des amateurs.

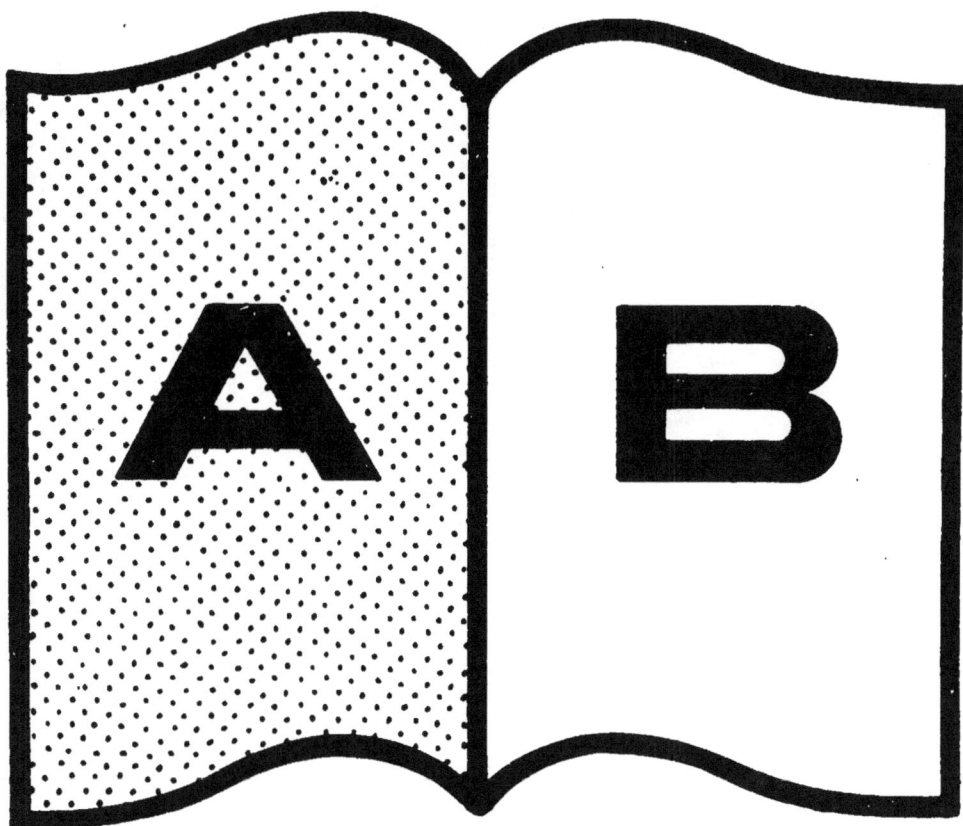

Contraste insuffisant

NF Z 43-120-14